Tannia Ko

Kleine
Wunder
warten überall

Lebensfreude für den Alltag

HERDER

FREIBURG · BASEL · WIEN

Tania Konnerth lebt in der Ostheide und ist Autorin einer Vielzahl von inspirativen Büchern, Artikeln und Selbstlernkursen. Im Verlag Herder sind u.a. erschienen: Montag ist erst übermorgen. Wohlfühltipps fürs Wochenende; Aus der Schatzkiste des Lebens. Geschichten, die ein Lächeln schenken; Sonnenschein an jedem Tag. 365 gute Gedanken.

Mehr Infos über Tania Konnerth finden Sie im Internet unter www.taniakonnerth.de.

Tania Konnerth

Kleine Wunder warten überall

Inhalt

Hinweis zum Inhaltsverzeichnis

Die Stichworte dieses Buches verfolgen einen bestimmten Weg – vom Dunklen zum Hellen.

Wir alle kennen Dunkelheit, Angst und Sorgen. Sammlung hilft, den Fokus zu verändern und manches mit Humor zu sehen. Das Loslassen lernen, vergeben, Ja sagen und dankbar sein. Auf diese Weise Trost finden, Hoffnung gewinnen, Kraft und Mut. Interesse entwickeln, aktiv werden und Erfahrungen sammeln. Sich selbst entdecken, sich auf andere einlassen und Vertrauen entwickeln. Veränderung annehmen und Glück erfahren. Sinn finden und Gefühle zulassen. Voller Lust leben und durch Achtsamkeit kleine und große Wunder entdecken.

Vorwort

Das Leben verläuft für die wenigsten von uns
einfach nur geradeaus. Statt eines gleichmäßi-
gen, ebenen, perfekt asphaltierten Weges finden wir oft genug unwegsames, schwer über-
schaubares Gelände vor. Geht alles bestens,
kommt der Schwung des Lebens meist ganz
von selbst. Wo es aber holprig wird oder gar
von Schlaglöchern nur so zu wimmeln scheint,
ist es gut zu wissen, wie wir auch in schwierigen
Zeiten ausreichend Kraft und Energie finden.

Was macht Lebensfreude aus und wie behält
man seinen Mut auch dann, wenn sich das Leben nicht rosarot präsentiert? Dazu haben sich
schon viele Menschen Gedanken gemacht. Ich
habe hier einige dieser Gedanken sowie eigene
Texte zu einer vielfältigen Sammlung von Anre-
gungen und Inspirationen für Sie zusammenge-
stellt.

Dieses Buch regt dazu an, die kleinen Wunder des Lebens zu entdecken. Es stellt Perspektiven und Erkenntnisse vor, die zu Kraftquellen werden können – Lichtstrahlen gewissermaßen, die den eigenen Horizont erhellen.

Lebenskunst besteht darin, mehr wahrzunehmen als nur unsere augenblickliche Situation. Und wer erst einmal beginnt, genau hinzuschauen, erkennt, dass die Lebenslust an allen Ecken und Enden hervorblitzt – hier im Buch und auch im Leben selbst.

Tania Konnerth

In der Dunkelheit
die Chancen sehen

Die Gewissheit, dass

Uns auch in dunkelster

Nacht wenigstens

Kleine Lichter bleiben, dass

Es also nie ganz

Lichtlos ist,

Hilft dabei, der Finsternis

Etwas entgegenzusetzen und

In unserer

Tiefe zu strahlen.

Wir alle kennen dunkle Zeiten. Ein langer, scheinbar nicht enden wollender Winter, eine Phase von Rückschlägen und Misserfolgen, schmerzliche Verluste oder gar Schicksalsschläge – auch das Dunkle zeigt sich in verschiedenen Schattierungen.

„Die dunkelste Stunde ist die vor Sonnenaufgang", lautet ein spanisches Sprichwort und bietet damit den Schlüssel zum Durchhalten, auch wenn es einmal ganz hart kommt:

Dunkelheit ist vergänglich, wie alles andere auch.

Manchmal lässt uns das Leben unvermutet stranden. Statt zu hadern, können wir uns auf den Weg machen und Neuland entdecken – im realen wie auch im übertragenen Sinn. Denn auch aus Niederlagen können sich ungeahnte Chancen ergeben.

„Gerade in der größten Verzweiflung hast du die Chance, dein wahres Selbst zu finden."

Sergio Bambaren

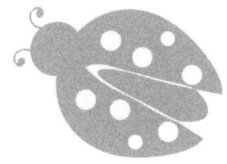

„Wenn man auch allen Sonnenschein weg-
streicht, so gibt es doch noch den Mond und die
hübschen Sterne und die Lampe am Winter-
abend. Es ist so viel schönes Licht auf der
Welt."

Wilhelm Raabe

Und was sich selbst in tiefstem Winter entdecken lässt: dass überall an den Ästen bereits
Knospen sitzen und vom Frühling träumen.

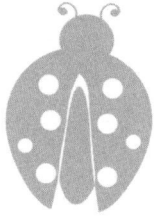

Im Chinesischen ist ein und dasselbe Schriftzeichen sowohl in dem Begriff für „Krise" als auch in dem für „Chance" enthalten. Kann das nicht bedeutsam für unseren Umgang mit Krisen werden?

Wie wäre es, wenn wir in ihnen nicht nur die Last und den Schmerz sehen, sondern sie auch als Möglichkeit annehmen würden, sie als Ausgangspunkt nähmen für etwas Neues? Als Anfang und nicht als Ende?

„Oft lernt man aus zehn Tagen Verzweiflung mehr als aus zehn Jahren zufriedenen Lebens."
Merle Shain

„Alles, was man über das Leben lernen kann, ist in drei Worte zu fassen: Es geht weiter!"

Friedrich von Schiller

Ein Geschenk der Dunkelheit liegt darin, dass wir durch sie lichtvolle Zeiten viel mehr zu schätzen wissen. Genauso, wie ein Geschenk des Winters darin liegt, dass wir uns unbändig auf den Frühling und Sommer freuen können.

Sich mit der Angst anfreunden

Annehmen, auch die Furcht.

Nicht verneinen, nicht fliehen.

Ganz im Gegenteil: sich stellen,

Stärke entwickeln,

Trotzen.

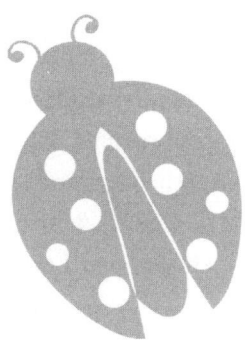

Angst hat eine wichtige Funktion: Sie schützt uns vor Gefahren. Und doch ist Angst fast immer ein schlechter Ratgeber …

Wer nur aus der Angst heraus handelt, versucht Dinge zu kontrollieren, die nicht kontrollierbar sind. Und oft tritt sogar genau das ein, was wir am meisten befürchten. Unsere Angst kann uns starr werden lassen, bewegungslos. Doch selten geht die Ursache der Angst einfach durch Abwarten vorbei.

Gut beraten ist, wer damit lebt, dass, wie Erich Kästner einmal sagte, das Leben immer auch lebensgefährlich ist. In der Regel reicht gesunder Menschenverstand aus, um sich nicht übermäßig in Gefahr zu bringen – alle anderen Risiken gehören zum Leben dazu.

Wann immer wir Angst spüren, lohnt sich ein genauerer Blick und die Frage:

Worum geht es hier eigentlich genau?

„Unsere Ängste stellen, falls wir sie untersuchen, eine Schatzkammer der Selbsterkenntnis dar."

Marilyn Ferguson

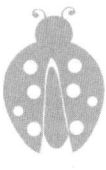

„Angst vor dem Leben lässt die Lebendigkeit absterben."

Ernst Ferstl

„Beherzt ist nicht, wer keine Angst kennt, beherzt ist, wer die Angst kennt und sie überwindet."

Khalil Gibran

Von Henry Ward Beecher stammt der Ausspruch: „Jeder neue Tag hat zwei Griffe. Wir können ihn am Griff der Ängstlichkeit oder am Griff der Zuversicht halten."

Sich das einmal ganz bildlich vorzustellen, ermuntert uns, jeden Morgen neu die Wahl zu treffen.

„Jeder Morgen bietet die Chance eines ganzen Tages"

Ernst R. Hauschka

Es lohnt sich, einmal genauer hinzuschauen, wie groß und gefährlich das, wovor wir uns fürchten, wirklich ist. Manches erweist sich nämlich bei genauerer Betrachtung als gar nicht so unübersehbar.

„Die Menschen stolpern nicht über Berge, sondern über Maulwurfshügel."

Konfuzius

Den Sorgen auf den Zahn fühlen

So viel Energie eingesetzt,

Ohne tatsächlich etwas zu ändern.

Rastloses Treiben,

Grundlos oft.

Es kommt

Naturgemäß eh anders, als man denkt.

William Somerset Maugham sagt: „Am meisten Energie vergeudet der Mensch mit der Lösung von Problemen, die niemals auftreten werden."

Damit trifft er den Nagel auf den Kopf: Sorgen sind in den meisten Fällen pure Energieverschwendung. Sie lassen uns unglücklich sein, noch bevor etwas passiert ist und sie helfen kein bisschen dabei, tatsächlich auftretende Schwierigkeiten zu bewältigen.

Reicht es nicht aus, dann zu leiden, wenn es tatsächlich einen Grund dazu gibt? Warum sollten wir es uns schon vorher schwerer machen als nötig?

Ein sorgenfreier Tag:
Heute mit gutem Gewissen die Zeitung ungelesen lassen und keine Nachrichten schauen.

Denn es erleichtert, einmal nicht das Leid der Welt nach Hause geliefert zu bekommen.

Gleichzeitig gewinnt man Zeit – für sich selbst und andere und für Dinge, die das Herz erfreuen.

„Packen Sie Ihre Sorgen in Ihre alte Reisetasche und lächeln, lächeln, lächeln Sie."

George Asaf

Ein hilfreicher Tipp:

„Es ist gut, manchmal die Sorgen so zu behandeln, als ob sie nicht da wären; das einzige Mittel, ihnen ihre Wichtigkeit zu nehmen!"

Rainer Maria Rilke

Denn:

„Sorgen sind wie Babys. Je mehr man sie hätschelt, desto besser gedeihen sie."

Helmut Qualtinger

Und warum nicht die Sorgen hin und wieder einfach mit dem nächsten Windstoß auf und davon schicken! Ihnen nachschauen und sie dann loslassen – ganz und gar.

Oder sie aufschreiben und das Blatt dann in feine Schnipsel reißen – ein symbolisches Auflösen der Sorgen.

„Dass die Vögel der Sorge und des Kummers über deinem Haupte fliegen, kannst du nicht ändern. Aber dass sie Nester in deinen Haaren bauen, kannst du verhindern."

Chinesische Weisheit

„Ein großer Teil der Sorgen besteht aus unbegründeter Furcht."

Jean-Paul Sartre

„Sorgen um morgen mache ich mir übermorgen."

Eddi Arent

Eine Geschichte aus Indien

In einem Dorf stand einmal ein alter, starker Baum.

Eines Tages wurden alle Dorfbewohner eingeladen, ihre Sorgen, Probleme und Nöte gut verpackt an diesen Baum zu hängen. Die Bedingung bestand allerdings darin, dafür ein anderes Paket mitzunehmen.

Zu Hause wurden die fremden Pakete geöffnet. Doch es machte sich Bestürzung breit, denn die Sorgen und Probleme der anderen schienen deutlich größer als die eigenen.

Und so liefen alle wieder zurück zu dem alten Baum und nahmen statt der fremden rasch die eigenen Pakete an sich und gingen zufrieden nach Hause.

„Halte dir jeden Tag dreißig Minuten für deine Sorgen frei, und in dieser Zeit mache ein Nickerchen."

Abraham Lincoln

„Im Grunde ist jedes Unglück gerade nur so schwer, als man es nimmt."

Marie von Ebner-Eschenbach

Sammlung erfahren

Sehnsucht nach einer

Auszeit.

Mußestunden nur

Mit mir selbst.

Lustvolles Alleinsein

Und inniger Kontakt zu mir.

Nichts stört:

Genuss und Kraftquelle.

Wie wohltuend: Kleine und manchmal auch größere Ruheinseln im Alltag. Momente des Innehaltens, die einem die Möglichkeit schenken, sich zu sammeln.

Wahrnehmen, was ist, und die Gedanken und Gefühle neu sortieren.

Bewusst genossen, sind solche stillen Stunden nicht nur wahre Kraftquellen, sondern Wunder der ganz eigenen Art.

„Der Mensch braucht Stunden, wo er sich sammelt und in sich hineinlebt."

Albert Schweitzer

„Die Ruhe ist eine liebenswürdige Frau und wohnt in der Nähe der Weisheit."

Epicharmos

Das Geheimnis innerer Kraft

Lernen, sich selbst zuzuhören.
Wahrnehmen, wie es einem wirklich geht,
was einem fehlt und was man braucht.
Lernen, für sich selbst zu sorgen.

Und sich manchmal auch fallen lassen:
Sich auf die Erde legen und bewusst erleben,
dass sie uns sicher trägt.

Nicht weiterstürzen, weil man sicher ruht.
Geerdet sein und neue Kräfte finden.

Eine Geschichte aus Asien

Die Schüler fragten den Meister nach dem Geheimnis der Weisheit. Darauf sprach dieser:

„Wenn ich gehe, dann gehe ich. Wenn ich stehe, dann stehe ich. Wenn ich sitze, dann sitze ich. Wenn ich esse, dann esse ich."

Die Schüler riefen: „Aber Meister, genau das tun wir doch auch!"

Der Meister lächelte und sagte: „Wenn ihr geht, dann steht Ihr schon. Wenn ihr steht, dann sitzt ihr schon. Wenn ihr sitzt, dann esst ihr schon. Und wenn ihr esst, dann geht ihr schon."

Fokus: den Blick schärfen

Fast immer eine Frage des Fokus,

Ob wir Opfer sind oder Handelnder.

Kraft liegt darin,

Unsere Perspektive zu wechseln und eine neue

Sichtweise zu gewinnen.

Sehr viel Leid entsteht, weil wir oft nur aus einem ganz bestimmten Blickwinkel auf das Leben schauen, der die Ereignisse verzerrt. Wer gerade eine Enttäuschung erlitten hat, spürt vor allem den Schmerz, sieht aber nicht, dass darin auch eine Chance steckt. Wer gerade traurig oder frustriert ist, vergisst, wie viele Gründe es noch gestern zum Lachen und Feiern gab.

Zu lernen, immer wieder den Blick zu schärfen und unsere Situation aus verschiedenen Perspektiven zu sehen, rückt die Dinge ins rechte Licht und schenkt neue Zuversicht.

Sich klar zu machen, dass all das, was wir für diesen Moment nicht sehen können, nicht verschwunden ist, sondern nur darauf wartet, in unseren Fokus zu rücken.

„Es gibt viel Trauriges in der Welt und viel Schönes. Manchmal scheint das Traurige mehr Gewalt zu haben, als man ertragen kann, dann stärkt sich leise das Schöne und berührt wieder unsere Seele."

Hugo von Hofmannsthal

„Es ist ein Gesetz im Leben: Wenn sich eine Tür vor uns schließt, öffnet sich eine andere. Die Tragik jedoch ist, dass man meist nach der geschlossenen Tür blickt und die geöffnete nicht beachtet."

André Gide

Vier Rechnungen:

$3+4 = 7$
$22-11 = 11$
$66 : 3 = 22$
$12 \times 4 = 50$

Was sehen Sie? Dass eine von ihnen falsch ist? Stimmt. Aber drei davon sind richtig. Vieles ist nur eine Frage des Fokus.

Oft starrt man nur auf sein Problem, sieht aber nicht, dass drum herum lauter Chancen warten.

„Das Leben ist bezaubernd, man muss es nur durch die richtige Brille sehen."

Alexandre Dumas

„Man muss die Musik des Lebens hören. Die meisten hören nur die Dissonanzen."

Theodor Fontane

Geheimrezept:

„Im Glück sagt sich der Lebenskünstler, dass es kaum besser hätte kommen können.

Im Unglück sagt er sich, dass es noch schlimmer hätte kommen können."

Paul Hörbiger

„Wer sich nachts zu lange mit den Problemen von morgen beschäftigt, ist am nächsten Tag zu müde, sie zu lösen."

Rainer Haak

Humor: Lachen befreit!

Herzhaft über

Uns selbst lachen zu können,

Mal laut, mal leise für sich

Oder zusammen mit anderen, ist ein

Rezept, das Leben leichter zu nehmen.

Dorothy Dix sagte: „Wir können nicht glücklich sein, solange wir nicht gelernt haben, über uns selbst zu lachen." In diesem Satz steckt die Erkenntnis, dass es sich lohnt, die Fähigkeit zu erlernen, sich selbst und das Leben nicht immer ganz so ernst zu nehmen.

Warum?

Weil durch ein Augenzwinkern, durch ein Lächeln oder durch einen kleinen Witz so manches Dunkel ein Stück weit aufgehellt werden kann. Und weil viele Situationen tatsächlich nicht so schlimm sind, wie sie zunächst aussehen, wenn man es schafft, das Komische daran zu entdecken.

„Gegen all euer Leiden verschreibe ich euch Lachen."

François Rabelais

„Lachen ist eine großartige Medizin, und sie hat nur positive Nebenwirkungen."

Sam Ewing

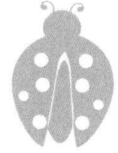

Lösendes Lachen:

Wer lacht, wenn er sich den Kopf stößt, wird weniger Schmerz empfinden.

Kaum zu glauben?

Ausprobieren!

„Wer grundlos lacht, lacht am besten."

Ephraim Kishon

Mit einem gewaltigen Satz mitten hinein ins Lachen springen, darin prusten und plantschen wie ein Kind – Leben in Spaß getaucht.

„Humor ist der Schwimmgürtel auf dem Strome des Lebens."

Wilhelm Raabe

„Wer sich zu ernst nimmt, macht sich lächerlich. Wer über sich selbst lachen kann, macht sich nie lächerlich."

Vaclav Havel

„Humor und Geduld sind Kamele, mit denen wir durch jede Wüste kommen."

Phil Bassmans

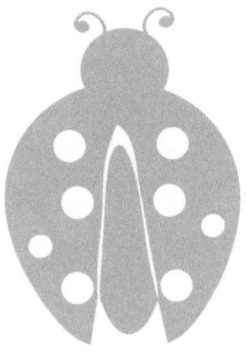

Und auch widerspenstige Tage kann man in den Griff bekommen:

Mögen sie auch noch so zickig sein, mit einem Lächeln auf den Lippen und der Bereitschaft, über uns zu lachen, nehmen wir auch der schlechtesten Laune den Wind aus den Segeln.

„Wer lachen kann, dort, wo er hätte heulen können, bekommt wieder Lust zum Leben."

Werner Finck

„Wer den Tag mit Lachen beginnt, hat ihn bereits gewonnen."

Tschechisches Sprichwort

Ein Lebensrat mit viel Humor:

„Wem das Wasser bis zum Halse steht, der darf den Kopf nicht hängen lassen!"

Unbekannt

Loslassen und Ballast abwerfen

Leichter leben ist

Oft eine

Sache des Gepäcks.

Last entsteht durch

Allzuviel Ballast.

Sich davon zu befreien,

Schenkt Möglichkeiten und

Eröffnet den Weg zu

Nie geahnter Unbeschwertheit.

Oft merken wir gar nicht, wie viel Ballast wir mit uns herumschleppen, wie zum Beispiel negative Überzeugungen, überzogene Erwartungen, ungeliebte Aufgaben, nie angegangene Vorhaben oder auch schlicht Krempel in unserer Wohnung. All diese Dinge fordern ständig Aufmerksamkeit von uns, so dass wir uns ihnen entweder widmen oder sie mit schlechtem Gewissen beiseite schieben müssen. Auf diese Weise kann einem das Leben ganz schön „überfüllt" und „schwer" vorkommen.

Hier helfen Befreiungsschläge – große und kleine: Ausmüllen, abbestellen, Mitgliedschaften kündigen, absagen, sich verabschieden, ablehnen, wegwerfen, verschenken, seine Pläne ändern.

Der Schlüssel heißt Loslassen. Es reist sich viel besser mit leichtem Gepäck.

Eine Zen-Geschichte

Ein westlicher Professor kommt zu einem Zen-Meister mit dem Wunsch, etwas über dessen Lehre zu erfahren. Der Meister reicht dem Mann eine Tasse und beginnt, Tee einzuschenken. Er hört nicht auf damit, bis der Tee über den Rand der Tasse fließt. Erschrocken ruft der Professor: „Halt, die Tasse ist doch voll!"

Der Meister lächelt und sagt: „Genau wie diese Tasse sind auch Sie voll – voll von Meinungen, Wissen und Vorstellungen. Wie wollen Sie da noch etwas Neues aufnehmen?"

„Wer Ballast abwirft, kann Neues aufnehmen."
Hans Lohberger

„Jedes Werden in der Natur, im Menschen, in der Liebe muss abwarten, geduldig sein, bis seine Zeit zum Blühen kommt."

Dietrich Bonhoeffer

Und ein italienisches Sprichwort besagt: „Es nutzt nichts, auch wenn du tausend Mal an der Olive zupfst – sie wird deshalb doch nicht früher reif."

„Das Glück kam zu mir, als ich ihm nicht mehr nachlief."

Adrian Peivareh

„Setz dich an einen Bach und sei einfach da. Das Lied des Wassers wird deine Sorgen aufnehmen und sie hinab zum Meer tragen."

Donald Walters

„Manche Leute glauben, Durchhalten mache uns stark; doch manchmal stärkt uns gerade das Loslassen."

Sylvia Robinson

Loslassen lernen heißt auch, Abschied zu nehmen. Im Kleinen wie im Großen.

„Abschiednehmen, sich trennen, aufgeben, einen Teil von sich selbst, etwas dem Wind überlassen, den Fluten, dem Wasser, das Sterben lernen – jeden Tag ein wenig, für das Neue, das folgt."

Charlotte Grensemann

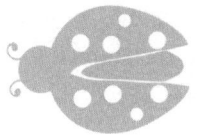

Vergebung – für andere und für sich selbst

Viel Last

Entsteht durch

Reue und Schuld.

Ganz anders ist

Es, zu vergeben: den

Ballast vergangener

Uzulänglichkeiten abwerfen und

Neu beginnen.

Gilt für andere und für sich selbst.

„Das werde ich dir nie verzeihen!" ist einer der bittersten Sätze überhaupt – nicht nur für diejenigen, die ihn zu hören bekommen. Wer anderen nicht vergeben kann, schadet damit vor allem sich selbst.

Mindestens genauso schlimm ist der Gedanke: „Das verzeihe ich mir nie!", denn er stellt einer dauernde Kriegserklärung gegen sich selbst dar.

Es lohnt sich, das Verzeihen zu lernen und sich und anderen zu vergeben. Dann zeigt sich statt Leid und Ärger viel Schönes: dass Wunden heilen können, dass sich neue Wege öffnen und dass ein Leben ohne Groll viel heller ist.

„Wer an seinem Schmerz festhält, bestraft sich letzten Endes selbst."

Leo F. Buscaglia

„Vergebung ist keine einmalige Sache, Vergebung ist ein Lebensstil."

Martin Luther King

Gemachte Fehler sind dann ein Geschenk, wenn wir sie als solche erkennen. Durch sie können wir lernen und durch sie sind wir menschlich.

Fehler sind wie Farbtupfer auf der Leinwand des Lebens.

„Begangene Fehler können nicht besser entschuldigt werden als mit dem Geständnis, dass man sie als solche erkenne."

Pedro Calderón de la Brava

Von Brian Tracy stammt die Aussage, dass 99 Prozent aller negativen Gefühle daraus resultieren, dass wir anderen Menschen Schuld zuzuweisen.

Ist das nicht Motivation genug, damit aufzuhören und stattdessen öfter mal einfach ein Auge zuzudrücken?

„Verzeihen ist keine Narrheit, nur ein Narr kann nicht verzeihen."

Aus China

„Die empfangene Ungerechtigkeit zu verzeihen, bedeutet, sich selbst die Wunde seines Herzen heilen."

Vinzenz von Paul

Ja sagen

Jetzt erkennen:

Alles hat seinen Sinn, alles wird gut.

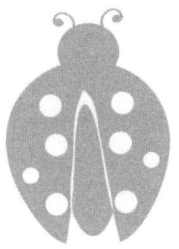

Die großen und wirklich bedeutenden Dinge in unserem Leben kommen manchmal ganz unscheinbar daher. Sie sind so klein, dass man sie fast übersieht, weshalb man ihre Wirkung leicht unterschätzt.

Ein Beispiel dafür ist das Wörtchen Ja. Zwei Buchstaben nur und doch ist es so mächtig.

Mit einem Ja erkennen wir an, was ist. Wir müssen es nicht gutheißen, aber wir akzeptieren das Vorhandensein von etwas und kämpfen damit nicht länger gegen die Wirklichkeit an.

Ein Ja öffnet Türen. Ein Ja schenkt Energie.

Eine therapeutische Weisheit besagt, dass uns immer genau das erhalten bleibt, wogegen wir uns wehren:

„What you resist, persists."

„Der allererste Schritt im Umgang mit Schwierigkeiten ist die Bereitschaft, sie anzunehmen."

William James

Das Boot, das uns sicher durch den Fluss des Lebens trägt, ist unser „Ja".

Annehmen, was ist.

Nicht gegen die Wirklichkeit kämpfen.

Erkennen, dass nichts umsonst geschieht.

Im Leben sein.

Ja.

Eine Sufi-Geschichte

Ein Mann ärgerte sich furchtbar darüber, dass in seinem Garten so viel Löwenzahn wuchs. Er versuchte ihn mit allen möglichen Mitteln auszutreiben, aber nichts half. So ging er in die ferne Hauptstadt, um dort den Hofgärtner des Königs um Rat zu fragen.

Der weise, alte Gärtner gab vielfältig Auskunft, wie der Löwenzahn loszuwerden sei. Aber alles, was er vorschlug, hatte der Fragende schon selbst probiert.

So saßen die beiden eine Zeitlang schweigend beisammen, bis am Ende der Gärtner den ratlosen Mann schmunzelnd anschaute und sagte: „Wenn alles, was ich dir vorgeschlagen habe, nichts genützt hat, dann gibt es nur noch einen Ausweg: Lerne, den Löwenzahn zu lieben."

„Bejahe jeden Tag, wie er dir geschenkt wird, statt dich am Unveränderlichen zu stoßen."

Antoine de Saint-Exupéry

Denn so ist Wandel möglich:

„Unglück wird zum Glück, wenn man es bejaht."

Hermann Hesse

Die Kraft der Dankbarkeit entdecken

Den Reichtum des Lebens entdecken:

Alles enthält etwas Wertvolles,

Nichts ist sinnlos.

Kannst du dankbar sein,

Bevor du den Wert erfasst?

Annehmen, was ist,

Ruhig und gelassen.

Kannst du

Erkennen, dass allem ein Geschenk

Innewohnt? Dankbar zu sein,

Tut gut.

Dankbarkeit ist etwas Wunderbares: Sie schenkt uns neue Augen, mit denen wir unser Leben auf eine andere Art sehen lernen. Und sie bereitet uns ein warmes und gutes Gefühl im Bauch. Eines, das Zuversicht schenkt und Kraft gibt.

Danke für all die schönen Momente und Erlebnisse, danke für all das, was wir erleben. Danke für all die Begegnungen und auch für die Abschiede. Danke auch für das, was wir noch nicht verstehen.

„Schöne Tage – nicht weinen, dass sie vergangen, sondern lächeln, dass sie gewesen."

Rabindranath Tagore

Denn von ihnen können wir in kargen Zeiten zehren.

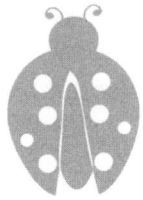

Dankbar sein heißt auch, den Fluss des Lebens anzunehmen. Nicht festzuhalten, sondern zu genießen, was ist und auch zur Vergänglichkeit ja zu sagen.

Sonnenstrahlen sind flüchtiges Glück – wir können sie nur genießen, nicht aber festhalten.

Und schenkt nicht die Vergänglichkeit oft den Dingen erst ihren Wert?

„Dankbarkeit macht das Leben erst reich."

Dietrich Bonhoeffer

„Dankbarkeit und Liebe sind Geschwister."

Christian Morgenstern

22 gute Gründe, dankbar zu sein:

- den Gesang der Vögel hören zu können
- gut und reichlich zu essen zu haben
- für ein warmes, weiches Bett
- für gute Freunde
- für Erkenntnisse
- dafür, in einem freien Land zu leben
- dafür, die Sonne auf der Haut zu spüren
- für jede Blume, die uns mit ihren Farben erfreut
- für ein Lächeln, das uns jemand schenkt
- für Herausforderungen, die wir gemeistert haben
- für die Liebe, die uns jemand schenkt
- für all die Ideen, die wir bekommen

- dafür, dass wir den Wolken beim Fangen spielen zusehen können
- für die vielen Möglichkeiten, Neues zu lernen und sich weiterzuentwickeln
- für Reisen, die wir machen können
- für alles, was uns in Kontakt mit unseren Gefühlen bringt
- für all die kleinen und großen Geschenke
- für die Anerkennung, die uns jemand zeigt
- dafür, selbst entscheiden zu können
- dafür, eine Familie zu haben
- für all die Male, die wir eine zweite Chance bekommen haben
- dafür, dass es so viele Sachen gibt, für die man dankbar sein kann

Und so kann man es auch sehen:

„Statt zu klagen, dass wir nicht alles haben, was wir wollen, sollten wir lieber dankbar sein, dass wir nicht alles bekommen, was wir verdienen."

Dieter Hildebrandt

Trost: der Lichtstrahl
am Horizont

Trost ist die Tür

Richtung Zuversicht.

Offen sein dafür, hindurchzutreten.

Sterne in der dunklen Nacht leuchten zu sehen
und Ja auch zur

Traurigkeit zu sagen.

Trost entsteht durch Anteilnahme. Wir erfahren, nicht allein zu sein mit unserem Schmerz oder unserer Unsicherheit. Auch andere fühlen wie wir und es ist schon vielen gelungen, die Hürde zu nehmen, vor der wir gerade stehen.

Tröstlich ist, wenn wir ausleben dürfen, was gerade in uns ist und durch dieses Zulassen Linderung erfahren.

Tröstlich ist darüber hinaus, zu wissen, dass alles vorübergeht und dass auch morgen die Sonne wieder aufgeht.

Eine überlieferte Geschichte

Es war einmal ein König, der eines Tages alle seine Berater zu sich rief und ihnen von einem Traum erzählte: „Ich träumte von einem Ring, der höchst ungewöhnlich war. Er hatte die Fähigkeit, mich von einem Moment auf den anderen fröhlich zu stimmen, auch wenn ich traurig war. Allerdings stimmte er mich immer auch ein bisschen traurig, wenn ich fröhlich war. Solch einen Ring will ich haben!"

Doch keiner der klugen Menschen wusste einen Rat.

So rief man den weisesten der Weisen und schilderte ihm die Sache. Der dachte einen Moment nach, griff dann nach einem einfachen goldenen Ring und ließ folgende Worte eingravieren: „Alles geht vorbei."

Tröstliches im Alltag:

- ein offenes Ohr finden und Nähe erleben
- ein weiches Fell streicheln oder mit dem Hund über die Wiese tollen
- tief in sich hineinhören und dem Vogel lauschen, der dort singt, auch wenn kein Frühling ist
- die Seele von Blütenblättern streicheln lassen und von wärmeren Zeiten träumen
- sich manchmal fortdenken und dann wieder ganz da sein – im Hier und Jetzt

„Mit den Flügeln der Zeit fliegt die Traurigkeit davon."

Jean de La Fontaine

„Wisse, dass es kein Leid gibt, dem nicht Freude folgt, kein Unglück, das nicht irgendein Glück nach sich zöge."

Persisches Sprichwort

„Gegen das Fehlschlagen eines Planes gibt es keinen besseren Trost, als auf der Stelle einen neuen zu machen oder bereitzuhalten."

Jean Paul

Lebenskünstler gehen offenen Auges durch die Welt und verstehen es, sich selbst Trostpreise zu suchen: kleine Kostbarkeiten, die es leichter machen, auch mal nicht der Sieger zu sein.

„Der Gedanke an die Vergänglichkeit aller irdischen Dinge ist ein Quell unendlichen Leids – und ein Quell unendlichen Trostes."

Marie von Ebner-Eschenbach

Hoffnung:
So, wie es ist, hat es Sinn

Halt finden,

Ohne festzuklammern.

Finsternis überwinden und

Freude zulassen.

Nichts dauert ewig

Und sei es noch so schlimm.

Neues wartet am Horizont.

Gut wird es sein.

Eine wundervolle Definition des Begriffs Hoffnung hat Vaclav Havel verfasst: „Hoffnung ist nicht die Überzeugung, dass etwas gut ausgeht, sondern die Gewissheit, dass etwas Sinn hat, egal wie es ausgeht."

Das ist es, was auch in den schwierigsten Zeiten Zuversicht schenken kann: zu wissen, dass uns alle Erfahrungen, die wir machen, weiterbringen. Dass uns jeder überstandene Verlust und jeder überwundene Schmerz stärker macht. Dass wir durch Fehl- oder Rückschläge wachsen können und dass uns schwierige Zeiten reifen lassen.

„Gegen Schmerzen der Seele gibt es nur zwei Heilmittel: Hoffnung und Geduld."

Pythagoras

„Die Hoffnung ist ein Mittelding zwischen Flügel und Fallschirm."

Tilla Durieux

Und nur keine Angst davor haben, sich „falschen Hoffnungen" hinzugeben. Auch wenn nicht alles eintrifft, was wir uns erhoffen, so gibt uns oft schon allein der Gedanke an etwas Wundervolles neue Energie.

Ohne Träume ist das Leben farblos.

„Nur wer an die Zukunft glaubt, glaubt an die Gegenwart."

Brasilianische Weisheit

„Funken der Hoffnung
erzählen dunklen Ängsten
das Märchen vom Licht."

Ernst Ferstl

„Ohne Hoffnung sind wir nichts."

Anna Politkovskaja

„Es gibt keine hoffnungslosen Situationen im Leben, es gibt nur Menschen, die darüber hoffnungslos geworden sind."

Clare Booth Luce

„Die Hoffnung aufgeben bedeutet, nach der Gegenwart auch die Zukunft preisgeben."

Pearl S. Buck

Kraft: „Ich schaff das!"

Kraft zum Leben

Resultiert

Aus der

Fähigkeit, gut für sich zu sorgen und aus dem
aktiven

Tun.

Leben kostet Kraft. In schweren Zeiten mehr als in solchen, die hell und fröhlich sind.

Die meisten von uns verfügen über enorme Kraftreserven und sind zu viel mehr fähig, als wir für möglich halten. Das zeigt sich in echten Krisenzeiten.

Nichtsdestotrotz ist es wichtig, dass wir gut darauf achten, nicht ständig über unsere eigenen Grenzen zu gehen. Wer dauerhaft Raubbau an den eigenen Kräften betreibt, läuft Gefahr auszubrennen.

Es ist wichtig, immer wieder neu zu Kräften zu kommen.

Kraftquellen für sich entdecken:

- schöne Erinnerungen
- Erreichtes und Erfolge
- gute Freunde
- Schlaf und Ruhe
- ein Spaziergang
- ein anregendes Gespräch
- inspirierende Gedanken
- die eigene Aktivität
- Wünsche und Ziele
- neue Pläne

Und … und … und …

„Wenn du helle Dinge denkst, wirst du helle Dinge an dich ziehen."

Prentice Mulford

Darin steckt die wichtige Erkenntnis: dass wir viel dafür tun können, wie wir die Welt sehen. Vom Opfer zum Gestalter werden, und sei es nur durch einen ersten neuen Gedanken:

Sich einen der wertvollsten Sätze überhaupt immer wieder selbst sagen: „Ich schaff das."

Und ihn nicht nur denken, sondern auch fühlen.

Halt finden:

- durch eine Hand, die man ergreifen kann
- oder eine Aufgabe, die einen erfüllt
- an einem Ort, dem man sich verbunden fühlt
- oder beim Gedanken an ein Ziel, das man erreichen will

„Man darf das Schiff nicht an einen einzigen Anker und das Leben nicht an eine einzige Hoffnung binden."

Epiktet

Glücksgefühle und gute Erinnerungen kann man sich als Kraftreserven aufheben, sie symbolisch für schlechte Zeiten in kleine Fläschchen abfüllen.

„Lebenskünstler ist, wer seinen Sommer so erlebt, dass er ihm noch den Winter wärmt."

Alfred Polgar

Mut tut gut

Mitunter braucht es einfach etwas Mut,

Um zu lieben und zu leben.

Trau dich!

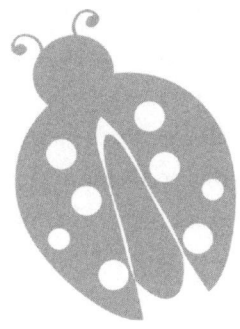

Für das Leben brauchen wir schon manchmal eine ziemlich große Portion Mut. Eine erste vielleicht nur zum Aufstehen, eine andere, um sich einem wichtigen Projekt zu stellen, und wieder eine andere, um sich auf das Abenteuer Liebe einzulassen.

Alles, was wir tun, hat Folgen und oft sind wir uns der tatsächlichen Konsequenzen zu Beginn nicht bewusst. Wir gehen das Risiko ein, verletzt und enttäuscht zu werden; wir können Fehler machen und scheitern.

Mut gehört zum Leben dazu, ohne ihn geht es kaum weiter. Es lohnt sich, mutig zu sein, denn Lebensmut wird mit intensivem Erleben belohnt.

Lieber ein Risiko eingehen, als das Leben zu versäumen.

„Besser ein paar Brandblasen als ein ganzes Leben lang kalte Finger."

Christine Nöstlinger

Ein Gedanke, der Mut macht, wenn wir wieder einmal glauben, alles auf einmal schaffen zu müssen:

„Das Beste an der Zukunft ist, dass sie uns immer einen Tag nach dem anderen serviert wird."

Abraham Lincoln

„Mut bedeutet nicht, keine Angst zu haben, sondern diese Angst zu überwinden."

François Mitterrand

„Fasst frischen Mut! So lang ist keine Nacht, dass endlich nicht der helle Morgen lacht."

William Shakespeare

Eine Geschichte

Es waren einmal zwei Hasen. Während sie durch den Wald hüpften, merkten sie nicht, dass dort ein tiefes Loch gebuddelt worden war. So sprangen sie geradewegs in die Falle.

Das Loch war viel zu tief, als dass sie es hätten schaffen können, dort aus eigener Kraft herauszuspringen.

Inzwischen waren andere Hasen dazugekommen und riefen von oben: „Wie schrecklich! Das schafft ihr nie! Das hat keinen Sinn! Ihr Armen!"

Der eine Hase war schnell entmutigt. Er sah tatsächlich keine Chance und legte sich nieder, um zu sterben.

Der andere Hase hingegen sprang und sprang. Er gab nicht auf. Was immer auch die anderen oben riefen, er versuchte es weiter. Und tatsächlich wurden seine Sprünge höher und höher.

Und dann schaffte er es mit einer letzten, gewaltigen Kraftanstrengung, aus dem Loch zu springen.

„Wie hast du das gemacht?" fragten die anderen. „Hast du uns nicht gehört, wir haben dir zugerufen, dass das unmöglich ist."

Da zeigte sich, dass der Hase schwerhörig war und gedacht hatte, die anderen feuerten ihn an.

Manchmal braucht es noch mehr als Hoffnung:

„Hoffnung ist viel zu passiv. Wir brauchen Willen."

Leonhard Cohen

Und zum Wollen braucht man Mut.

„Das Glück ist im Grunde nichts anderes als der mutige Wille, zu leben, indem man die Bedingungen des Lebens annimmt."

Maurice Barrès

Interesse bringt Farbe ins Leben

Interesse ist pure Motivation:

Nur was mich lockt,

Tue ich gerne,

Erst was mich

Reizt, lässt mich dranbleiben.

Endlos

Spannend kann das Leben

Sein, wenn man sich öffnet. Interesse ist

Eine bewusste Entscheidung!

Interessiert durchs Leben zu gehen, heißt offen zu sein für alles, was sich uns bietet. Offen für Veränderungen, weil sie spannend sind, und offen für neue Erfahrungen, weil wir aus ihnen lernen können.

Die Fähigkeit, sich für alles Mögliche zu interessieren, sorgt für eine ständige Horizonterweiterung. Wir hinterfragen, forschen und denken weiter.

Und wir tauchen tief ein in die Wunderwelt des Lebens, denn es wäre schade, etwas zu versäumen, etwas nicht zu erfahren.

Ein kostbares Stück Kindlichkeit bewahren: In der Erwartung durch das Leben zu gehen, in jedem Moment etwas Wundervolles zu entdecken oder etwas Neues kennen zu lernen.

Immer zum Staunen bereit sein:

„Neugier ist die gespannte Angst, dass es Wunder geben könnte."

Anton Kuh

„Wer fragt, ist ein Narr für eine Minute. Wer nicht fragt, ist ein Narr sein Leben lang."

Konfuzius

Fragen sind gute Begleiter auf einem spannenden Lebensweg, denn sie öffnen die Tür zum Lernen, Erfahren und Immer-wieder-neu-Entdecken.

„Wenn die Neugier sich auf ernsthafte Dinge richtet, dann nennt man sie Wissensdrang."

Marie von Ebner-Eschenbach

Und überall sonst ist sie ein Zeichen von Lebenslust.

„Die Neugier steht immer an erster Stelle eines Problems, das gelöst werden will."

Galileo Galilei

„Sobald jemand in einer Sache Meister geworden ist, sollte er in einer neuen Sache Schüler werden."

Gerhard Hauptmann

Aktivität:
das Leben selbst gestalten

Aktiv werden.

Keine Angst haben.

Tolles ausprobieren.

Initiative ergreifen,

Vitalität zeigen,

Ideen haben und leben.

Trau dich, die Herausforderung anzunehmen,

Ändere selbst etwas,

Tu!

Ein echter Mutmacher: Die Erkenntnis, dass oft viel mehr in unserer Macht steht, als wir ahnen. Dass Aktivität nicht nur Kraft kostet, sondern auch Kraft schenkt. Dass es möglich ist, das Leben selbst zu gestalten.

Ottilia Maag sagte: „Um das Wertvolle zu entdecken, muss man sich hinunterbeugen. Selten blüht es in Augenhöhe."

Nicht immer ist es natürlich mit einem einfachen Hinunterbeugen getan, aber jede noch so kleine Bewegung ist ein Anfang. Aktiv werden heißt Ja zum Leben sagen.

Manchmal muss man über seinen Schatten springen, um die Dunkelheit hinter sich zu lassen und im Licht zu landen.

„Der eine wartet, dass die Zeit sich wandelt, der andere packt sie kräftig an und handelt."

Dante Alighieri

Sich bewegen: laufen, hüpfen, tanzen, Ball spielen, um die Wette rennen, sich dehnen und strecken und mal richtig außer Atem kommen. Den Körper spüren – Körper sein.

Lebenslust ist auch Bewegungslust.

Und manchmal auch übermutig sein: Einfach loslaufen wie ein Kind und das Leben mit offenen Armen empfangen. Ohne Wenn und Aber. Ohne Fragen nach dem Sinn. Ohne Ängste und Sorgen. Nur atmen und sein, hier und jetzt.

Auch eine Möglichkeit, für einen hellen Moment an einem dunklen Tag zu sorgen: etwas Gutes tun. Jemandem seine Hilfe anbieten, etwas spenden, überlegen, wo man sich engagieren kann.

„Das beste Mittel, jeden Tag gut zu beginnen, ist, beim Erwachen daran denken, ob man nicht wenigstens einem Menschen an diesem Tag eine Freude machen könne."

Friedrich Nietzsche

„Niemand hätte jemals den Ozean überquert, wenn er die Möglichkeit gehabt hätte, bei Sturm das Schiff zu verlassen."

Charles F. Kettering

„Was hilft aller Sonnenaufgang, wenn wir nicht aufstehen."

Georg Christoph Lichtenberg

Erfahrung nutzen

Entwicklung

Ruht auf dem

Fundament unserer Erfahrungen.

Alles, was wir erleben,

Hilft uns beim Wachstum.

Richtiges und Falsches,

Ungewolltes und Beabsichtigtes,

Nettes und Schmerzliches.

Gibt es einen größeren Schatz?

Wir können Unbequemes, Schmerzliches und auch Qualvolles anders sehen, wenn wir unser Leben als Sammlung unzähliger, unterschiedlichster Erfahrungen betrachten. Sind es denn nicht meist die schwierigen Phasen, aus denen wir am meisten lernen? Und könnte es nicht leichter werden, wenn wir bereits im Schmerz oder in der Trauer daran denken, dass uns genau das weiterbringen wird?

Steckt darin nicht ein Trost, der uns Kraft dafür schenken kann, Erfahrungen nicht zu scheuen, sondern aktiv zu suchen?

„Erfahrungen sind Wegweiser – keine Lager-
plätze."

George Bernhard Shaw

„Das kleinste Kapital eigener Erfahrung ist
mehr wert als Millionen fremder Erfahrungen."

Gotthold Ephraim Lessing

Lebenskunst besteht auch darin, keine Angst vor Fehlern zu haben, sondern Fehlgriffe als kostbare Möglichkeit zu sehen, etwas zu lernen.

„Der größte Fehler, den man im Leben machen kann ist, immer Angst zu haben, einen Fehler zu machen."

Dietrich Bonhoeffer

„Keine Erfahrung ist schlecht, wenn man etwas daraus lernt."

Unbekannt

„Wir glauben, Erfahrungen zu machen, aber die Erfahrungen machen uns."

Eugène Ionesco

In einer Geschichte von Nossrat Peseschkian wird deutlich, wie wir unsere Erfahrungen zum Lernen brauchen:

Am ersten Tag geht jemand eine Straße entlang. Plötzlich stürzt er in ein Loch, das sich unerwartet vor ihm auftut. Dieser Sturz ist wie ein Sterben und verzweifelt ruft er nach Hilfe. Tatsächlich kommt nach einer Weile jemand und hilft ihm heraus.

Am zweiten Tag geht die Person die gleiche Straße entlang und wieder stürzt sie in das Loch. Sie empfindet Angst, aber sie findet einen Weg, sich selbst aus dem Loch zu befreien.

Am dritten Tag geht dieser Jemand wieder die Straße entlang und stürzt erneut in das Loch – aus reiner Gewohnheit. Er ärgert sich über sich selbst und befreit sich durch die bekannte Möglichkeit.

Am vierten Tag geht die Person die gleiche Straße entlang, wechselt aber vor dem Loch die Seite.

Am fünften Tag wählt sie eine andere Straße.

„Man kann die Welt nur nach dem verstehen, was man erlebt."

Antoine de Saint-Exupéry

„Nicht in der Erkenntnis liegt das Glück, sondern im Erwerben der Erkenntnis."

Edgar Allan Poe

Ich bin gut so, wie ich bin

Immer besser zurechtfinden im

Chaos dessen, was ich bin.

Heute weiß ich wieder ein Stück mehr über
mich.

Es gibt nur einen einzigen Menschen, mit dem man es sein ganzes Leben zu tun hat – und ausgerechnet mit dem stehen wir oft auf Kriegsfuß: uns selbst.

Wie viel schwerer sind gerade harte Zeiten zu ertragen, wenn wir uns selbst nicht annehmen, ja mehr noch: kein gutes Haar an uns lassen.

Es ist Zeit, uns selbst zu entdecken als das, was wir sind: Menschen voller kleiner und großer Wunder. Menschen, die es wert sind, geliebt und geachtet zu werden – von uns selbst und von anderen. Menschen, die schon viel geschafft haben im Leben und die noch viel mehr schaffen werden.

Wenn man ständig an sich selbst vorbei lebt, kann einem das Leben entgleiten. Dann wird es fremd und wiegt schwer. Sich selbst kennen zu lernen ermöglicht es, tatsächlich unser eigenes Leben zu führen. Eines das wie angegossen passt.

„Über der Pforte der antiken Welt stand geschrieben: ‚Erkenne dich selbst.‘ Über der Pforte unserer neuen Welt sollte geschrieben stehen: ‚Sei du selbst.‘“

Oscar Wilde

„Beschließe, du selbst zu sein, und wisse, dass der, der sich selbst findet, sein Unglück verliert.“

Matthew Arnold

Zum Perlensucher werden:
Tief in sich selbst hinabtauchen und staunen über das, was dort schimmert und funkelt. Große und kleine Schätze, die dort verborgen liegen.

Sich ganz einlassen auf das Abenteuer Selbsterkenntnis.

Sich selbst abzulehnen, ist pure Energieverschwendung.

Und wer immer wieder mit sich selbst hadert, kann sich Folgendes sagen: „Ich bin der beste Ich, den es gibt."

„Wer Menschenkenntnis besitzt, ist gut; wer Selbsterkenntnis besitzt, ist erleuchtet."

Chinesisches Sprichwort

„Ohne Zugang zum eigenen Ich kann man auch keinen Zugang zu anderen finden."

Anne Morrow Lindbergh

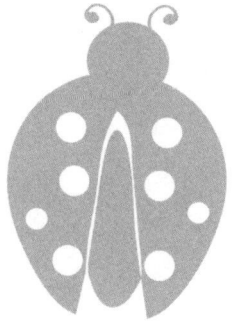

Anderen begegnen

An Begegnungen wachsen:

Nähe schenken und annehmen,

Distanz ermöglichen ohne

Einsamkeit,

Rückhalt erleben und geben.

Echtes Miteinander spüren.

Gerade in schwierigen Zeiten kreisen wir oft zu sehr in negativer Weise um uns selbst. In solchen Momenten den Blick zu heben, hilft zu erkennen, dass es um uns herum Menschen gibt, die uns lieben und die sich um uns sorgen. Menschen, die uns helfen wollen und die bereit sind, auch Schlimmes mit uns zu teilen.

Statt sich in sich selbst zurückzuziehen, tut es gut, einen Schritt nach draußen zu machen – einen Schritt auf jemand anderen zu.

Gut zu wissen:

Auch wenn man vieles allein schaffen kann, muss niemand Einzelkämpfer sein. Es liegt bei uns, uns zu entscheiden, die Nähe anderer zu suchen.

„Wo kein Du, ist kein Ich."

Ludwig Feuerbach

Sich helfen lassen:

Wenn nötig, Hilfe von anderen suchen und annehmen zu können, ist in schwierigen Zeiten
keine Schwäche, sondern ein Zeichen von Le-
bensklugheit.

Gut für sich sorgen ist mehr wert, als anderen
die eigene Unabhängigkeit beweisen zu wollen.

„Ein Freund ist jemand, mit dem du hemmungslos lachen und schamlos weinen kannst."

Andreas Tenzer

„Freundschaft vermehrt die Freuden und teilt das Leid."

Henry George Bohn

„Beziehungen sind nur so lebendig wie die Menschen, die an ihnen beteiligt sind."

Donald B. Ardell

„Wer akzeptiert wird, indem er so geliebt wird, wie er ist, kann gedeihen."

Martin Buber

Vertrauen:
fester Boden unter den Füßen

Vielleicht

Eine der größten Lebensaufgaben: das

Risiko eingehen und sich

Trauen zu vertrauen.

Richtig zu vertrauen, ohne Zweifel.

An sich glauben

Und an andere. Dem Leben

Einen Vorschuss geben und

Nichts dafür erwarten.

Enttäuschungen, Verluste, Rückschläge, eine unsichere Welt, in der abhanden kommt, was man für sicher hielt – und da spricht jemand von Vertrauen?

Ja, weil genau aus dem Grund, dass es keine Sicherheit im Leben gibt, Vertrauen *die* Antwort ist.

Das Vertrauen zu entwickeln, auch schwere Prüfungen zu bestehen und mehr noch: an ihnen zu wachsen.

Das Urvertrauen zu spüren, dass, was auch immer sein wird, richtig ist.

„In einer Welt, in der alles schwankt, bedarf es eines festen Punktes, auf den man sich stützen kann."

Jules Michelet

„Vertrauen ist eine Oase im Herzen, die von der Karawane des Denkens nie erreicht wird."

Khalil Gibran

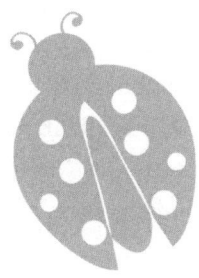

Eine alte Sufi-Geschichte

Ein Sufi-Meister ritt einmal mit seinem Schüler durch die Wüste. Sie übernachteten in einer Karawanserei. Der Meister trug seinem Schüler auf, sich um die Kamele zu kümmern und legte sich schlafen.

Am nächsten Morgen waren die Kamele fort, denn der Schüler hatte die Kamele nicht angebunden.

Der Meister fragte: „Warum hast du die Kamele nicht angebunden?"

„Du hast mich doch gelehrt", antwortete der Schüler, „dass ich Vertrauen in Allah haben soll. Ich dachte, dass Allah sich schon um mich und um die Kamele kümmern wird."

Darauf sagte der Meister: „Allah kümmert sich nur um dich, wenn du dein Kamel anbindest."

„Mache es wie der Vogel, der nicht aufhört zu singen, auch wenn der Ast bricht. Denn er weiß, dass er Flügel hat."

Johannes Bosco

„Sobald du dir vertraust, sobald weißt du zu leben."

Johann Wolfgang von Goethe

„Zwischen unseren Träumen und Plänen finden wir unsere Möglichkeiten."

Sue Atchley Ebaugh

„Wer Angst hat, etwas auszuprobieren, wird zum Sklaven seiner selbst."

Leonard E. Read

Veränderung wagen

Verlass ist nur auf

Eines: auf den Wandel.

Rastlos

Ändert sich alles.

Nichts bleibt, nichts ist von

Dauer.

Erneuerung als

Richtlinie bringt

Uns stetigen Wechsel.

Nur wer dazu Ja sagt, kann

Ganz im Fluss bleiben.

Veränderung kann Angst machen. Wissen wir doch nie, wo wir ankommen und ob wir nicht hinterher schlechter dastehen als zuvor.

Veränderungen sind aber ein Teil des Lebens – und die Chancen stehen gut, dass der Wandel auch Positives mit sich bringt.

Wer ja zur Veränderung sagt, lernt leichter auf den Wellen des Lebens zu surfen und sowohl aus einer Flaute etwas zu machen, als auch haushohe Wellen für sich zu nutzen.

„Selbst wenn ein Mensch die Welt nicht verändern will, verändert er sie dadurch."

Wolfgang Reus

„Wer nichts verändern will, wird auch das verlieren, was er bewahren möchte."

Gustav Heinemann

Wer meint, er verändere lieber nichts, wird sich wundern, denn das Leben geht inzwischen weiter und es gehört zum Leben, dass nichts bleibt, wie es ist.

Warum da nicht lieber selbst zum Gestalter werden?

„Damit das Mögliche entsteht, muss immer wieder das Unmögliche versucht werden."

Hermann Hesse

Wer etwas Neues entdecken will, muss das Vertraute loslassen – im realen wie im übertragenen Sinn. Und damit begeben wir uns ins Ungewisse.

Diese Unsicherheit kann bedrohlich wirken, aber sie bietet eine Horizonterweiterung auf verschiedenen Ebenen: neue Erfahrungen, neue Erkenntnisse, neue Schätze.

„Wer an den Spiegel tritt, um sich zu verändern, der hat sich bereits verändert."

Seneca

Veränderung fängt oft mit dem Denken an: Neue Gedanken führen zu neuem Verhalten. Und neues Verhalten führt zu geänderten Umständen.

„Lebe die Veränderung, die du für die Welt anstrebst."

Mahatma Gandhi

Glück genießen

Glück für mich: von der guten

Laune springt ein Funke

Über und versetzt mich in

Confetti-Stimmung.

Kann es etwas Besseres geben?

Die Quellen des Glücks sind so vielfältig wie das Leben selbst. Die Kunst des Glücklichseins besteht darin, achtsam all die kleinen Glücksfacetten wahrzunehmen:

Die Sonne, die durch die grauen Wolken bricht, den Duft einer Blume, den Geruch von frischen Brötchen, das Lächeln eines Kindes, den kleinen Laden mit den schönen Dingen in der Seitenstraße, eine Begegnung mit jemandem, etwas zu lernen, etwas neu zu sehen, den Wind in den Haaren, die Gemütlichkeit des Bettes, eine heiße Tasse Tee, den Flug eines Vogels und das Wissen, nicht allein zu sein.

Ein japanisches Sprichwort lautet: „Eine Freude vertreibt hundert Sorgen."

Die süße Seite des Lebens entdecken

Lebenslust wie Schokolade naschen, Gutelau-
nelollis in den Mund stecken, Kaugummis mit
Kichergeschmack kauen und auf die Torten
statt Sahne Glücks gefühle sprühen.

„Im Glücke glücklich sein, ist keine Kunst.
Kunst aber ist, im Unglück noch Spur neuen
Glücks zu wittern."

Carl Peter Fröhling

Jean Anouilh soll gesagt haben:

„Die wahren Lebenskünstler sind bereits glücklich, wenn sie nicht unglücklich sind."

„Das Glücksgefühl wohnt nicht im Besitz und
nicht im Gold, das Glücksgefühl ist in der Seele
zu Hause."

Demokrit

Glück beginnt mit glücklichen Gedanken:

„Die Gedanken, die wir uns auswählen, sind die
Werkzeuge, mit denen wir die Leinwand unseres Lebens anmalen."

Louise L. Hay

Eine Zen-Geschichte

Es kam eine Frau zum Meister, die ihn nach dem Geheimnis eines erfolgreichen Lebens fragte.

Die Antwort des Meisters lautete: „Mach jeden Tag einen Menschen glücklich!" Und nach einem kurzen Moment fügte er hinzu: „Selbst wenn dieser Mensch du selbst bist."

Und einen weiteren Augenblick später sagte er: „Vor allem, wenn dieser Mensch du selbst bist."

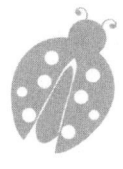

Das Glück muss man nicht suchen – es ist immer schon da:

„Addieren Sie all Ihre kleinen Glücksmomente, und Sie werden erkennen, dass wir dem Glück nicht nachzujagen brauchen, weil es rings um uns wartet."

Sergio Bambaren

„Es gibt keinen Weg ins Glück. Glück ist der Weg."

Buddha

Sinn ist in uns, nicht außen

Sinn

Ist.

Nicht suchen,

Nur sein.

Viele sind auf der Suche nach Sinn – bereit denen zu folgen, die ihnen sagen, was Sinn macht. Aber die wenigsten Menschen werden auf diese Weise tatsächlich fündig.

Aber können wir den Sinn unseres Lebens nicht immer nur in uns selbst finden statt in etwas Äußerlichem?

Indem wir Sinnvolles tun, erleben wir Sinn. Wir brauchen dann keine theoretische Bestätigung mehr, denn wir wissen um den Sinn unseres Tuns.

Was, wenn es nicht nur den Sinn des Lebens gibt, sondern ganz viele verschiedene? Könnte es nicht überaus spannend sein, sie für sich zu entdecken?

Eines der schönsten Gefühle überhaupt: Mit allen Fasern zu wissen, am richtigen Ort zu sein und das Richtige zu tun. Keine Zweifel mehr, nur Sinn.

Es lohnt sich, auf Entdeckungsreise zu gehen, bis man an diesem Punkt ankommt. Immer wieder neu.

„Das Leben hat keinen Sinn außer dem, den wir ihm geben."

Thornton Wilder

„Der Sinn des Lebens besteht darin, glücklich zu sein."

Dalai Lama

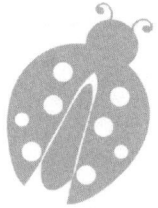

„Etwas Festes muss der Mensch haben, damit sein Herz vor Anker gehe!"

Matthias Claudius

„Eine Stunde konzentrierter Arbeit hilft mehr, deine Lebensfreude anzufachen, deine Schwermut zu überwinden und dein Schiff wieder flottzumachen, als ein Monat dumpfen Brütens."

Benjamin Franklin

Und warum nicht Schwierigkeiten als an uns gerichtete Frage betrachten: Was sollen wir durch sie erlernen?

Das Schicksal als weiser Lehrer – ein Ansatz, leichter mit den Prüfsteinen in unserem Leben zurechtzukommen.

„In allem liegt eine Lehre – du musst sie nur finden."

Lewis Caroll

Gefühle: Lebendigkeit pur

Ganz im Jetzt:

Es zulassen, zu

Fühlen.

Überfließen

Heulen und

Lachen und mehr.

Es ist alles in mir.

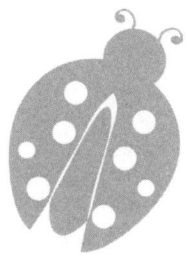

Ein Schlüssel für die Wunder des Lebens liegt in der Fähigkeit zum Empfinden. Wer fühlt, ist am Puls des Lebens.

Dabei die negativen Gefühle aussparen zu wollen, hieße die Intensität auch der anderen Gefühle zu beschneiden.

Das Leben wertet nicht – es schenkt uns Freude und Leid, Glück und Schmerz, es gibt und es nimmt uns. Lernen, sich einzulassen auf das, was kommt, sich berühren zu lassen, ermöglicht ein intensives Leben.

„Man kann nur in Berührung sein, wenn man fühlt."

Anaïs Nin

Tauch deine Feder tief in deine Melancholie und lass deine Gefühle frei. In Worten und Bildern können sie sich entfalten und zeigen, wie schön sie sind.

„Deine Traurigkeit ist der dunkle Samt, auf dem die Juwelen deines Lebens leuchtend funkeln. So wird dir sichtbar, über welch reiche Schätze zu verfügst."

Helen Ambach

Wut und Mut sind Geschwister – aus einer kräftigen Wut kann, wenn wir sie auf konstruktive Weise ausleben, eine große Portion Mut entstehen.

„Wer viel lacht und viel weint, wird sehr alt."

Chinesisches Sprichwort

„Auch das glücklichste Leben ist nicht ohne ein gewisses Maß an Dunkelheit denkbar, und das Wort Glück würde seine Bedeutung verlieren, hätte es nicht seinen Widerpart in der Traurigkeit."

Carl Gustav Jung

Manchmal hilft fluchen
– deftig wie ein Bierkutscher und ruhig mit knallrotem Kopf.
Danach ist die Luft rein wie nach einem Gewitter.

Lust auf Leben!

Lass sie zu, die Lebenslust,

Und freu dich an ihr.

Schenk sie dem Leben als Dank:

Tanze, singe, lache.

Es ist ein Wechselspiel: Lebenslust entsteht durch lustvolles Leben und ein lustvolles Leben schenkt wiederum Lebenslust.

„Alle Zeit, die nicht mit dem Herzen wahrgenommen wird, ist so verloren, wie die Farben eines Regenbogens für einen Blinden oder das Lied eines Vogels für einen Tauben."

Michael Ende

Dem grauen Morgen ins Gesicht lachen, die Regenwolken mit vollen Backen wegpusten und mit einem dicken gelben Stift eine Sonne auf den Tag malen.

Dann kann man erleben, was Joachim Ringelnatz so formulierte:

„Ich bin so knallvergnügt erwacht."

Lustvolle Lachlaune

Kichern
und keckern,
gackern
und glucksen,
schmunzeln
und kugeln,
grinsen
und grienen,
prusten
und wiehern
– lachen, bis der Bauch wehtut!

Nicht vergessen: Heute ist der erste Tag vom Rest des Lebens ...

„Wir bekommen mit unserer Geburt das Leben geschenkt, doch viele von uns haben noch nicht einmal das Geschenkpapier abgemacht."

Leo Buscaglia

„Habe keine Angst davor, dass dein Leben eines Tages endet. Fürchte mehr, dass du versäumst, es richtig zu beginnen!"

Kardinal Newman

„Begeisterung erhebt das Leben über das Alltägliche und verleiht ihm erst einen Sinn."

Norman Vince Peale

Mitten im Leben

Leben heißt

Einsteigen, nicht nur

Beobachten.

Ein Teil sein,

Nicht Außenstehender.

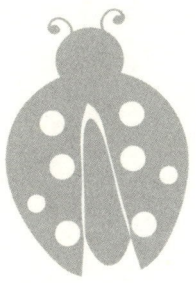

Es gibt verschiedene Arten zu leben:
Wir können leiden und hadern.
Wir können uns zurückziehen und Türen ver-
    schließen.
Wir können verharren und abwarten.
Wir können vorsichtig sein und nur zuschauen.
Wir können hineinspringen und gestalten.
Wir können auskosten und genießen.

Die Essenz des Lebens werden wir dann erfahren, wenn wir nicht auf Sparflamme leben aus
Angst vor Gefahren oder Rückschlägen, sondern uns mitten hineinbegeben in das, was das
Leben uns bietet.

„Alle Lebewesen außer den Menschen wissen, dass der Hauptzweck des Lebens darin besteht, es zu genießen."

Samuel Butler

„Die Augen schließen und spüren: Ich bin mitten im Leben. Sich mit jeder Faser seines Ichs der Schöpfung verbunden zu wissen, ist eine nie versiegende Quelle der Kraft und Gelassenheit."

Nikolaus Sommer

Intensiv leben heißt mit allen Sinnen leben.
Wieder sehen lernen …
Wieder hören lernen …
Wieder riechen lernen …
Wieder schmecken lernen …
Wieder fühlen lernen …
Wieder leben lernen!

Mit Genuss leben:

„Wer nicht genießt, ist ungenießbar."

Konstantin Wecker

„Das Leben hat als Geheimnis begonnen und wird als Geheimnis enden, aber welch eine aufregende und wunderbare Zeit liegt dazwischen."

Diane Ackermann

„Mit dem Leben ist es wie mit einem Theaterstück: Es kommt nicht darauf an, wie lang es ist, sondern wie bunt."

Seneca

„Kostbares Leben.
Jede Sekunde Dasein
hat Ewigkeitswert."

Ernst Ferstl

Achtsamkeit:
ganz hier, ganz jetzt

Aufmerksam sein und

Chaos wie Ordnung,

Hässliches wie Schönes,

Trauriges wie Lustiges bewusst wahrnehmen.

Stets, die Sinne geschärft,

Achtsam sein.

Mitunter nur dabei sein, ein anderes Mal

Kreativ selbst gestalten und

Etwas hinzugeben zum Schaffensprozess.

Intensiv ist das Leben, wenn wir

Teilhaben mit all unserem Sein.

Viele Menschen leben auf „Autopilot". Sie sind nicht wirklich da, sondern funktionieren nur. Gefühle der Leere und Sinnlosigkeit sind die Folge.

Achtsamkeit bietet einen Ausweg: Der erste Schritt dabei ist zu lernen, ganz bei sich zu sein und wahrzunehmen, wie wir uns fühlen, was in uns vorgeht und was wir brauchen. Der nächste Schritt ist dann, aufmerksam auch für das Außen zu werden und zu spüren, wie es anderen geht und was sie brauchen.

Achtsamkeit schenkt uns unendlich viel: Gefühle, Erfahrungen, Wunder.

Eine Zen-Geschichte

Ein Mann bat den Meister darum, ihm eine Weisheit aufzuschreiben.

Der Meister schrieb nur ein einziges Wort auf: „Achtsamkeit".

Der Mann war enttäuscht: „Das kann doch nicht alles sein, oder? Bitte schreib noch etwas dazu."

Der Meister schrieb: „Achtsamkeit. Achtsamkeit."

„Verzeih, aber das scheint wenig tiefsinnig zu sein", rief der Mann.

Daraufhin schrieb der Meister: „Achtsamkeit, Achtsamkeit, Achtsamkeit."

Der Mann wurde wütend: „Was soll denn Achtsamkeit überhaupt bedeuten?"

„Achtsamkeit heißt Achtsamkeit", sagte der Meister.

Entdeckung:

Mitten im Winter auf dem Dachboden schlafende Schmetterlinge finden.

Sie nicht stören, sondern nur anschauen, denn sie träumen vom Frühling, in dem sie dann die Welt mit ihren bunten Flügelschlägen verzaubern werden.

„Wie viele Freuden werden zertreten, weil die Menschen meist nur in die Höhe gucken und, was zu ihren Füßen liegt, nicht achten."

Katharina Elisabeth Goethe

„Lausche aufmerksam auf die Geräusche der Natur, auf deine eigenen Gedanken, deine inneren Empfindungen, auf deine Emotionen und Reaktionen der Umgebung, ohne Gewalt, mit Liebe und Verehrung. Dann wird dein Geist sich öffnen wie eine Blüte am Morgen."

Indianische Weisheit

„Die Übung der Achtsamkeit ist nichts anderes als die Übung liebevoller Zuneigung."

Thich Nhat Hanh

Achte gut auf diesen Tag,
denn er ist das Leben –
das Leben allen Lebens.
In seinem kurzen Ablauf
liegt alle Wirklichkeit
und Wahrheit des Daseins,
die Wonne des Wachsens,
die Herrlichkeit der Kraft.
Das Gestern ist nichts als ein Traum,
und das Morgen nur eine Vision.
Aber das Heute – richtig gelebt –
macht jedes Gestern
zu einem Traum voller Glück
und das Morgen
zu einer Vision voller Hoffnung.
Achte daher wohl auf diesen Tag.

Aus dem Sanskrit

Wunder warten überall

Wunder des Seins:

Unsere Wahrnehmungsfähigkeit.

Nichts kann uns

Das Vermögen nehmen,

Endlos Wunder zu

Realisieren.

„Wunder sind ganz banale Vorfälle, die ein erwachter Blick als etwas Phantastisches erkennen kann", sagt die Schriftstellerin Natalie Goldberg und macht uns damit auf die Möglichkeit aufmerksam, staunend durch die Welt zu gehen.

Das Leben als Entdeckungsreise!

Wunder warten überall – es liegt an uns selbst, sie zu erkennen.

Jahreszeitenwunder

Die ersten Schneeglöckchen im Winterweiß entdecken und wissen, nun ist der Frühling nicht mehr weit.

Sich im Liebestanz zu Spiralen emporschwingende Schmetterlinge in der Sommerabendsonne beobachten.

Die Farbexplosion des Herbstes genießen, intensiver als jedes Bild.

In den Winterzauberwald eintauchen und aus dem Staunen nicht mehr herauskommen.

Die Einzigartigkeit des Augenblicks erkennen – es gibt nicht Kostbareres als das Jetzt.

„Das Wunder ist des Augenblicks Geschöpf."

Johann Wolfgang von Goethe

„Wunder zu negieren heißt, die Wirklichkeit nicht ernst zu nehmen."

Albert Einstein

Alltagswunder:

- eine Nase voll frischer, klarer Luft
- den Durst mit einem einfachen Glas Wasser stillen
- die Berührung eines geliebten Menschen
- das Lächeln eines Fremden
- einen Regenbogen am Himmel sehen
- eine Blume, die den Asphalt durchbricht

Schöne Erinnerungen pflegen:
Die kleine Muschel in der Hand halten – einmal war sie ein Zuhause. Jetzt ist sie ein Erinnerungsstück an einen Urlaub am Meer, an den warmen Sand unter den Füßen und den Wind im Haar.

„Das große unzerstörbare Wunder ist der Menschenglaube an Wunder."

Jean Paul

„Drei Dinge sind uns aus dem Paradies geblieben: Die Sterne der Nacht, die Blumen des Tages und die Augen der Kinder."

Dante Alighieri

Eine überlieferte Geschichte

Es war einmal ein Suchender.

Wie besessen suchte er nach der Lösung für sein Problem, doch er konnte sie einfach nicht finden. In seiner Verzweiflung wurde er immer schneller und hektischer, doch er fand keine Lösung.

Die Lösung ihrerseits war inzwischen müde geworden. Es war ihr einfach nicht möglich, mit dem Suchenden Schritt zu halten oder ihn gar einzuholen.

Eines Tages sackte der Suchende mitten auf dem Weg zusammen. Er konnte nicht mehr.

Die Lösung hatte schon gar nicht mehr damit gerechnet, dass der Suchende je anhalten würde und stolperte in vollem Lauf über ihn. Er fing auf, was da über ihn stürzte und stellte erstaunt fest, dass er die Lösung seines Problems in den Händen hielt.

Zum Weiterlesen

Bücher bieten eine unerschöpfliche Quelle an Inspirationen und Mutmachern. Hier eine kleine Sammlung von hilfreichen Büchern – gerade, wenn es einem mal nicht so gut geht:

Boerner, Moritz: Byron Katies „The Work": der einfache Weg zum befreiten Leben. München: Goldmann, 1999.
Eine geniale Methode, von der einfach jede/r profitieren kann.

Böschemeyer, Uwe: Das Leben meint mich: Meditationen für den neuen Tag. Hamburg: Ellert U. Richter, 2001.
Ein inspirierender Jahresbegleiter voller kluger Texte, die einem Kraft und neue Perspektiven schenken.

Livingston, Gordon: Zu früh alt und zu spät weise? 30 unbequeme Wahrheiten, um aus dem Leben klug zu werden. München: Integral, 2006.
Eine Sammlung von Lebenserkenntnissen, über die nachzudenken sich lohnt.

Matthews, Andrew: So geht's dir gut. Freiburg: VAK, 15. Aufl. 2002.
Ein wundervolles Buch, das einem mit viel Humor den Weg zu mehr Zufriedenheit zeigt.

Smothermon, Ron: Drehbuch für Meisterschaft im Leben. Bielefeld: J. Kamphausen, 2000.
Anspruchsvolle Lesekost für alle, die aktiv leben wollen.

Dieses Buch, das Sie gerade in Händen halten, erreicht dann sein Ziel, wenn Sie beim Stöbern den einen oder anderen aufhellenden Gedanken für sich finden.

Sie können mir gerne Ihre eigenen Erfahrungen im Umgang mit eher dunklen Zeiten schreiben:

Tania Konnerth
Bei der Schule 1
29575 Altenmedingen OT Bohndorf
E-Mail: tk@taniakonnerth.de

Die Quellen der Zitate habe ich mit großer Sorgfalt recherchiert. Dennoch sind Fehler leider nicht ganz auszuschließen. Sollten Sie andere als die von mir angegebenen Autorenangaben haben, freue ich mich ebenfalls, von Ihnen zu hören.

Herder spektrum Band 7160

MIX
Papier aus verantwor-
tungsvollen Quellen
FSC® C106847

Neuausgabe 2013
2. Auflage 2013

Umschlaggestaltung: Designbüro Gestaltungssaal
Umschlagmotiv: © Designbüro Gestaltungssaal

Herstellung: fgb · freiburger graphische betriebe
www.fgb.de

Printed in Germany
ISBN 978-3-451-07160-7